BEI GRIN MACHT SICH IHR WISSEN BEZAHLT

- Wir veröffentlichen Ihre Hausarbeit,
  Bachelor- und Masterarbeit

- Ihr eigenes eBook und Buch -
  weltweit in allen wichtigen Shops

- Verdienen Sie an jedem Verkauf

Jetzt bei www.GRIN.com hochladen
und kostenlos publizieren

Bibliografische Information der Deutschen Nationalbibliothek:

Die Deutsche Bibliothek verzeichnet diese Publikation in der Deutschen National-
bibliografie; detaillierte bibliografische Daten sind im Internet über http://dnb.d-
nb.de/ abrufbar.

Dieses Werk sowie alle darin enthaltenen einzelnen Beiträge und Abbildungen
sind urheberrechtlich geschützt. Jede Verwertung, die nicht ausdrücklich vom
Urheberrechtsschutz zugelassen ist, bedarf der vorherigen Zustimmung des Verla-
ges. Das gilt insbesondere für Vervielfältigungen, Bearbeitungen, Übersetzungen,
Mikroverfilmungen, Auswertungen durch Datenbanken und für die Einspeicherung
und Verarbeitung in elektronische Systeme. Alle Rechte, auch die des auszugsweisen
Nachdrucks, der fotomechanischen Wiedergabe (einschließlich Mikrokopie) sowie
der Auswertung durch Datenbanken oder ähnliche Einrichtungen, vorbehalten.

Impressum:

Copyright © 2016 GRIN Verlag, Open Publishing GmbH
Druck und Bindung: Books on Demand GmbH, Norderstedt Germany
ISBN: 9783668244160

Dieses Buch bei GRIN:

http://www.grin.com/de/e-book/334246/achim-von-arnims-der-tolle-invalide-auf-
dem-fort-ratonneau-eine-handlungszusammenfassung

Angelika Felser

Achim von Arnims "Der tolle Invalide auf dem Fort Ratonneau". Eine Handlungszusammenfassung

GRIN Verlag

GRIN - Your knowledge has value

Der GRIN Verlag publiziert seit 1998 wissenschaftliche Arbeiten von Studenten, Hochschullehrern und anderen Akademikern als eBook und gedrucktes Buch. Die Verlagswebsite www.grin.com ist die ideale Plattform zur Veröffentlichung von Hausarbeiten, Abschlussarbeiten, wissenschaftlichen Aufsätzen, Dissertationen und Fachbüchern.

Besuchen Sie uns im Internet:

http://www.grin.com/

http://www.facebook.com/grincom

http://www.twitter.com/grin_com

Achim von Arnim

„Der tolle Invalide auf dem Fort Ratonneau" (1818)

Eine Beschreibung des Handlungsaufbaus der Novelle

Inhaltsverzeichnis

1. Handlungszusammenhang

Ohne Kenntnis, wer ihr Vater ist, wächst Rosalie bei ihrer Mutter, einer Prostituierten, auf. Letztere hütet ihre Tochter besonders streng, damit Rosalie nicht wie sie selbst vom rechten Pfad der Tugend abkommt.

Rosalie verliebt sich jedoch in Francoeur, einen französischen Soldaten, der durch eine Kopfverletzung zum Kriegsinvaliden geworden ist.

Als sie sich mit ihm verlobt, wird sie von ihrer Mutter verflucht und dem Teufel übergeben.

Mit ihrer Hochzeit geht ein Teil des Fluchs auf Francoeur über; mit der Entbindung ihres gemeinsamen Kindes der gesamte Fluch.

Francoeur zeigt Symptome geistiger Verwirrung, scheidet aus dem Regiment aus und soll für einige Zeit zu den Invaliden geschickt werden. Rosalie bittet den Grafen Dürande, Kommandant von Marseille und Chef der Invaliden, um eine ruhige Stellung für ihren Mann.

Francoeur erhält trotz seines getrübten Bewusstseins einen Posten auf dem Außenfort Ratonneau und die Schlüsselgewalt über alle sich dort befindlichen Waffen.

Alles scheint gut zu sein. Die Familie lebt glücklich miteinander.

Doch als ein Pater wie ihm scheint den vom Teufel besessenen Francoeur exorzieren will, bricht Francoeurs „Wahnsinn" wieder aus. Er droht, sich, das Fort und die Stadt in die Luft zu sprengen.

Rosalie ist entschlossen, ihren Mann zu retten. Sie nähert sich dem Fort, ungeachtet der Warnschüsse, die der maßlos erregte Francoeur von sich gibt.

In seiner äußersten Aufgebrachtheit bricht die alte Kopfwunde des Invaliden wieder auf. Ein eitriger Knochensplitter tritt heraus. Francour ist geheilt. Familie, Fort und Stadt sind gerettet. Francoeur kann mit Begnadigung rechnen.

2. Handlungsaufbau

2.1 Exposition

Achim von Arnim beginnt seine Erzählung mit der Einführung der Figuren: Francoeur, der Kommandant und Rosalie, die Protagonistin.

In der Exposition (S. 3-12, „die Ehre habe")[1] charakterisiert der Erzähler Rosalie als eine zurückhaltende Frau, die sich für ihre Mitmenschen mutig und tatkräftig einsetzt, wenn es die Situation verlangt. So führt der Erzähler sie als eine Frau ein, die „lange durch ein bescheidnes Husten die Aufmerksamkeit des Kommandanten auf sich zu ziehen gesucht hatte" (S. 4) und dem Kommandanten sofort „mit eifrigem Bemühen" (S. 4) zu Hilfe „springt" (S. 4), als sein Holzbein zu brennen beginnt.

Sie bittet den Kommandanten um Gnade für ihren Mann, in ihrem unerschütterlichen christlichen Glauben davon überzeugt, dass ihre Liebe es war, die Francoeur zum Teufel geschickt habe und sie die Schuld für das Unglück ihres Mannes trage („meine Liebe trägt die Schuld von all dem Unglück, ich habe meinen Mann unglücklich gemacht und nicht jene Wunde" (S. 5).

Für Francoeur zeigt sich ihr gutes Herz auch bildlich in dem „Heiligenschein" in ihren Augen (S. 7).

Francoeur wird in der Exposition durch Rosalies Bericht eingeführt und aufgrund seiner „Grillen" als unwissendes Opfer des teuflischen Plans Rosalies Mutter charakterisiert.

Durch den Bericht Rosalies erfährt der Leser [2] von Francoeurs „wichtigster" Eigenschaft, seine „Raserei". Diese wird vom Wundarzt als „Wahnsinn" infolge seiner Kopfverletzung diagnostiziert.

Seine zweite wichtige Eigenschaft wird in seinem Gespräch mit dem Kommandanten deutlich: Seine Leidenschaft für das „Feuerwerk" („einen leidenschaftlichen Feuerkünstler, der bei seinem Regimente schon alle Arten Feuerwerke ausgearbeitet hatte" (S. 12).

Der Kommandant Graf Dürande wird vom Erzähler als ein gütiger Mann dargestellt, der sich durch großes Verständnis für die Sorgen seiner Mitmenschen auszeichnet.

Als Rosalie ihn um ein Gespräch bittet, setzt er sich „sorgsam" (S. 5) in ihre Nähe und überfliegt den Brief: „was waren Ihre Eltern, legten die Ihnen kein Hindernis in den Weg? Und was hat denn Ihr Mann für scherzhafte Grillen [...]" (S. 5).

---

[1] Die Seitenzahlen beziehen sich auf:
Achim von Arnim: „Der tolle Invalide auf dem Fort Ratonneau. Owen Tudor, herausgegeben von Philipp Reclam jun., mit einem Nachwort von Kurt Weigand, Stuttgart 1994 (Universalbibliothek Nr. 197)
[2] Der Begriff „Leser" wird stellvertretend für „Leser" oder "Leserin" verwendet.

4

Im Gegensatz zu Rosalie sieht er Francoeurs „Grillen" nicht als des Teufels Werk, sondern vielmehr als ein typisches Merkmal eines Franzosen: „ein Franzose hat immer den Teufel im Leibe" (S. 12). Begeistert ruft er: „Ein Teufelskerl [...], wenn doch so ein Teufel in alle unsere kommandierenden Generale führe" (S. 6)

Auch teilt er Francoeurs Leidenschaft für das Feuerwerk, das ihn gedanklich so sehr fasziniert, dass er seine Umgebung vergisst:

„Aber in der Freude des Gelingens, wie er schon alles strahlen, sausen, prasseln, dann wieder alles in stiller Größe leuchten sah, hatte er [...] nicht bemerkt, daß sein hölzernes Bein Feuer gefangen hatte [...].

Erst jetzt weil [...] das Aufsteigen tausend Raketen, seine Einbildungskraft beflügelte und entflammte, bemerkte er [...]" (S. 4)

Als der erfährt, dass er in Francoeur einen Komplizen in Sachen „Feuerwerk" gefunden hat, überträgt er dem als wahnsinnig erklärten Kriegsinvaliden die Befehlsgewalt über das Fort Ratonneau, wo er „fleißig Raketen füllen, Feuerräder drehen und Frösche binden" solle (S. 12), womit Achim von Arnim das „Konfliktpotential" in die „Exposition" eingeführt.

2.2 Durchführung

Mit der Krankheit, die in Francoeur schlummert und der ihm übertragenen Befehlsgewalt über ein wörtlich zu nehmendes „Pulverfass", das Fort Ratonneau, führt der Erzähler dem Leser das „Konfliktpotential" vor Augen.

In der Exposition werden weitere Elemente eingeführt, die -zusammen mit dem bereits eingeführten „Konfliktpotential" - die Handlung in der „Durchführung" vorantreiben.

Der Erzähler fügt weitere szenische Episoden zu und aneinander, die -Kettenglied für Kettenglied- die Handlung zu einer Eskalation führen sollen:

In der Exposition lernt der Leser Basset kennen, den Kammerdiener des Grafen Dürande.

Basset sieht Rosalie beim Grafen und belauscht den im Schlaf sprechenden Kommandanten. So erfährt er von der Geschichte Francoeurs. Er beschließt, zu intervenieren und den Pfarrer zu bitten, Francoeur zu exorzieren (S. 11).

Diese Episode ist Anknüpfungspunkt zahlreicher folgender Momente in der Zuspitzung der Handlung:

5

Schauplatz für das erste komplexe Szenario der Durchführung stellt das Fort Ratonneau dar, auf dem Rosalie und Francoeur zunächst glücklich miteinander leben.

Symbol hierfür ist die über dem Fort befindliche „Fahne mit den Lilien, der Stolz Francoeurs, ein segenreiches Zeichen der Frau, die eine geborene Lilie" war (S. 14).

Die Idylle zerbricht mit dem Besuch Bassets. Dieser wundert sich, dass Francoeur so gesund und vernünftig aussieht – und nicht etwa wie ein Wahnsinniger.

Daraufhin droht allerdings Francoeur in Wut auszubrechen, symbolisiert durch Feuer:

„aber Francoeur hatte etwas Furchtbares in seinem Wesen, sein dunkles Auge befeuerte sich, sein Kopf erhob sich, seine Lippen drängten sich vor" (S. 15)

Basset berichtet von Gerüchten beim Kommandanten, wonach Francoeur vom Teufel besessen sei. Er möchte ihn bitten, sich vom Pfarrer, Vater Philip exorzieren zu lassen.

Dies empört Francoeur sehr („er schwor, daß er sich blutig an dem rächen wolle […] (S. 15))

Der Konflikt spitzt sich weiter zu, als Francoeur erfährt, dass es seine Frau war, die dem Kommandanten den Brief überbracht hatte:

„Wir sind geschieden" schrie Francoeur und schlug sich vor den Kopf" (S. 15)

Im Invaliden macht sich eine gefährliche Stille breit („Allmählich schien er stiller zu werden, je lauter es in ihm wurde").

Eine Stille, die nicht lange anhalten soll, denn der nächste Konflikt kündigt sich fast gleichzeitig mit der Ankunft des dreist-törichten Vater Philips an, der den, wie es scheint, vom Teufel besessenen Invaliden exorzieren will.

Jetzt belässt es Francoeur nicht mehr bei Verbalitäten, sondern wird handgreiflich und setzt den Pfarrer buchstäblich vor die Tür.

Francoeurs Eifersucht auf den Kommandanten, verbunden mit der Tatsache, dass Rosalie ihrem Gast Basset bei Tisch mehr Suppe anbietet als ihm selbst, droht seinen noch unterdrückten Wutausbruch zu entfesseln.

Rosalies Geste, Basset auch noch das größte Stück Eierkuchen anzubieten, ist schließlich der Tropfen, der das Fass zum Überlaufen bringt:

Francoeur bricht mit seiner Frau („wir sind geschieden" (S. 17)) und schließt sich im Pulverturm ein. Rosalie, der Halt Francoeurs, flieht mit dem gemeinsamen Kind.

Ihre dunkle Vorahnung („Gott, ihn plagt der Böse, wenn er nur nicht Unheil stiftet im Pulverturm" (S. 17) scheint sich zu erfüllen:

Die folgenden Episoden der „Klimax" spielen mit der Erwartung des Lesers, dass etwas Schlimmes geschehen werde, denn eine Episode löst die nächste ab:

Francoeur nimmt die ihm vom Pfarrer zugewiesene Rolle des vom Teufel Besessenen an („sagt, das schicke ihr Satanas" (S. 18)) und erklärt dem Kommandanten den Krieg:

Er werde ihn mit seinen eigenen Waffen schlagen („er hat mir den Schlüssel zum Pulverturm gegeben, ich will ihn brauchen" (S. 18). Er droht, sich und die Stadt in die Luft zu sprengen.

Francoeur erfährt von den geheimen Vorbereitungen seitens des Kommandanten, einen Überraschungsangriff zu starten noch bevor sie ausgeführt werden können. Der tolle Invalide scheint allmächtig und wahnsinnig geworden zu sein.

Schon in der nächsten Episode gibt er Warnschüsse ab, was die Dramatik noch steigert. Auf diese unheilvolle Entwicklung wurde der Leser durch den Erzähler in der „Exposition" vorbereitet.

Ausgerechnet Rosalie, die Frau, die Francoeur am meisten verhasst ist („Euch haßt er vor allen" (S. 23)), will ihren Mann retten.

Dass für den letzteren der Teufel über ihre Liebe gesiegt hat wird durch die neu gehievte Flagge symbolisiert: Francoeur hat auf ihr den Teufel gemalt (S. 24), der nun das Symbol der Lilie ersetzt, Symbol für Rosalie und ihre Liebe.

Obwohl Rosalie um den Hass ihres Mannes weiß und die Gefahr erkennt, geht sie „mit festen Schritten dem Steinwall zu".

Mit der Beschreibung ihres langen Marsches wird die letzte komplexe Episode eingeleitet, die, in sich stark eskalierend, schließlich zum Handlungshöhepunkt führt.

Rosalie macht sich auf den Weg, und mit jedem ihrer Schritte wächst die Gefahr des Todes. Rosalie wird „dem harten Mann" sichtbar, vernimmt das Sausen der Geschosse in der Luft, hört das Kind hinter sich schreien und sieht Francoeur die Geschosse laden:

„[Ein] neuer Schuß betäubte ihre Ohren und schmetterte ihr Felsstaub ins Gesicht" (S. 25). Sie betritt „den engen Felsgang" (S. 25), wird von Francoeur bedroht („hier steht dein Teufel und dein Tod" (S. 25) – und befindet sich direkt vor Francoeurs Kanonen.

Eine weitere Zuspitzung des Konflikts scheint kaum möglich. Das Konfliktpotential ist ausgeschöpft.

Francoeurs steht vor der Entscheidung, seine Frau zu erschießen oder sie zu verschonen, und „es war, als ob zwei Naturen in ihm rangen" (S. 26).

Im Moment höchster Verzweiflung nimmt der Handlungsverlauf jedoch eine überraschende und abrupte Wendung:

Die alte Kopfwunde des Invaliden bricht wieder auf: Der eitrige Knochensplitter, zuvor diagnostizierte Ursache seines Wahnsinns, tritt heraus.

Der Konflikt findet nach der Peripetie eine Lösung im „Happy End":

Gnade und Liebe siegen über Sünde und Teufel.

Francoeur, Rosalie und ihr Kind sind wieder glücklich vereint. Rosalie verzeiht ihrem Mann und wird vom teuflischen Fluch der Mutter erlöst, so auch Francoeur. Der Kommandant verzeiht Francoeur und nimmt ihn als seinen Sohn an.

3. Erzählsituation

Achim von Arnim geht in seiner Novelle „medias in res"; d.h. der Leser befindet sich zu Beginn seiner Lektüre bereits inmitten des Geschehens und erfährt erst im späteren Verlauf der Erzählung etwas über die Hintergründe und die Umstände, die zu der Ausgangssituation geführt haben.

Die Novelle beginnt mit der Erzählung über Graf Dürande, dessen Holzbein Feuer fängt

(S. 4). Hinzu kommt die weibliche Protagonistin Rosalie (S. 5), die anhand eines Briefes als solche identifiziert wird und die von ihrer „Schuld", d.h. Liebe berichtet, die den Teufel in ihren Mann gebracht habe. Auch gibt sie eine detaillierte Beschreibung des teuflischen Verhaltens Francoeurs.

Erst jetzt berichtet Rosalie darüber, wie es zu all dem gekommen ist; der Leser erfährt etwas über die Hauptgründe der Ausgangssituation, des „Wahnsinns":

Die Protagonistin berichtet von ihrer Jugend (S. 6), von ihrer Begegnung mit Francoeur (S. 6f.), ihrer Verlobung und dem Fluch ihrer Mutter. Sie erzählt von Francoeurs Leiden, dessen Wahnsinn ihn aus dem Regiment ausscheiden lässt und Rosalie zum Kommandanten Graf Dürande führt.

Erzählt wird die Handlung von einem auktorialen Erzähler, der das Geschehen kommentiert und bewertet (z.B. „die arme Frau" (S. 4)). Erst am Schluss der Novelle tritt der auktoriale Erzähler hervor („Nach solchem Tage läßt sich in einem Menschenleben selten noch etwas erleben [...]" (S. 28). Schließlich ist er es, der der fabulistischen Erzählung eine Moral verleiht:

„Gnade löst den Fluch der Sünde,

Liebe treibt den „Teufel aus."

Bezeichnend für die Erzählhandlung ist der Wechsel der Erzählperspektive:

Die Figurenperspektive des Kommandanten wird besonders in der Eingangsepisode deutlich („Was sollte er, der Chef aller Invaliden [...] mit dem hölzernen Bein auf dem Balle [...]" (S. 3), die der Figur Rosalie in der „Boot"-Episode („Da war's als ob eine laute Stimme in die Ohren rief [...]" (S. 21) und die des Protagonisten Francoeur schließlich im Zusammenhang mit dem Feuerwerk („Das Inventarium war richtig [...] Aber die Unordnung war hier groß!" (S. 13).

4. Motivwahl

Achim von Arnims Novelle basiert auf dem Zentralmotiv des Feuers. Es ist mehrfach im Text als solches zu verstehen; es wird zudem im übertragenen Sinne benutzt, wie etwa für einen temperamentvollen Charakter sowie das Feuer der Liebe, Leidenschaft und Eifersucht. Es ist in der Novelle auch Symbol für das Böse, Teuflische im Menschen, das unter (extremen) Bedingungen hervorbrechen kann.

Der Erzähler führt dem Leser sowohl die positiven Eigenschaften des Feuers wie auch die zerstörerische Macht desselben vor Augen.

Zu Beginn der Novelle handelt es sich um das Kaminfeuer des Kommandanten (S. 3), das ihm als in der Kälte des Oktobers und gegen die soziale Einsamkeit Trost spendet. Im selben Moment wird es jedoch zu einer Gefahr, denn die Faszination des Feuerwerks lässt den Grafen für einen Moment das Kaminfeuer vergessen: Sein Holzbein beginnt zu brennen. Dieses Feuer kann durch Wasser gelöscht werden.

Als Rosalie sich mit Francoeur verlobt, wird sie von ihrer Mutter verflucht und „dem Teufel übergeben" („als ob eine Flamme aus ihrem Hals brenne, und ihre Augen kehrte sie in sich, sie sahen ganz weiß aus" (S. 7). Mit ihrer Hochzeit geht ein Teil des Fluchs auf Francoeur über; mit der Entbindung ihres gemeinsamen Kindes der gesamte Fluch.

Rosalie sieht ihre Liebe als Ursache allen Unglücks („halb brennend"), glaubt, ihre Liebe habe den Teufel in Francoeur gebracht. Dieser empfindet eine starke Abneigung gegen alles Religiöse (S. 9).

Rosalie wird nun zum Gegenspieler des Teufels in Francoeur. Es gelingt ihr, alles Teuflische in sich selbst und Francoeur zu überwinden und des Teufels Eifersucht in Francoeur auf den Kommandanten und Basset, seinen diagnostizierten „Wahn", schließlich dessen Hass auf sie selbst durch ihren Mut und ihre Liebe zu besiegen.

Der Begriff „Teufel" hat für Rosalie und den Kommandanten unterschiedliche Bedeutung.

Während für Rosalie der Teufel ein irdisches Wesen ist, der und dessen Macht sich für kurze Zeit in Francoeur zeigt, sieht der Kommandant den Teufel humoristisch und als positive Eigenschaft eines temperamentvollen und wagemutigen Menschen und einfallsreichen Schelms: Ein „Franzose" [so der Kommandant] „hat immer den Teufel im Leibe" (S. 12). „Ein Teufelskerl" ist sein erster Ausruf, als er von Francoeurs Angriff auf den General hört (S. 6).

Die unterschiedlichen Deutungen führen zu unterschiedlichen Auslegungen und Handlungsweisen, auf Francoeurs geistigen „Wahn" zu reagieren:

Während Rosalie um jede neue Tat ihres Mannes bangt, ist Graf Dürande begeistert und überträgt dem vollblütigen Charakter Francoeur die Verantwortung für Fort Ratonneau und für die sich dort befindlichen explosiven Waffen. Seine Entscheidung zweifelt er einmal an: „Aber Euch plagt doch nicht der Teufel [...]?" (S. 12)), woraufhin Francoeur den Teufel in sich eher bestätigt als bestreitet („Man darf den Teufel nicht an die Wand malen, sonst hat man ihn im Spiegel"(S. 12)).

Francoeurs Leidenschaft für das Feuer spiegelt sich in seiner Sprache und Mimik wieder („Du riechst nach dem trojanischen Brande" (S. 11); „Francoeur ging mit funkelnder Begeisterung darauf ein" (S. 12).

Die teuflische Vorbereitung der Zerstörung der Stadt, der Zerstörung anderer und sich selbst durch Feuer läßt ihn seinen Wahn vergessen. Seine Warnschüsse werden vom Kommandanten, der die Leidenschaft für das Feuer mit dem Invaliden teilt, als ein Kunstwerk interpretiert („Welch ein Anblick!" (S. 20)). Dies veranlasst ihn später, dem Invaliden Gnade zu verheißen.

Das teuflische Feuerwerk führt dank Rosalies mutigem Einsatz letztlich nicht zur Zerstörung der Stadt:

In der extremen Bedingung, der Entscheidung, Rosalie und das Kind zu töten, bricht der Knochensplitter aus ihm heraus. Damit nicht nur der Splitter, sondern auch die Ursache des Teuflischen und des Wahnsinns in ihm.

Dass seine teuflischen Sünden begnadigt werden sollen, wird durch die Symbole der himmlischen Güte, der aufkommende Windes und das Taubenpaar, angekündigt. Die grünen Äste, die die Tauben in ihren Schnäbeln tragen, verweisen auf einen Neubeginn.

Von Arnim lässt Gnade, Liebe und Leben („halb grünend") über Zerstörung, Teufel und Tod („halb brennend") siegen, was er in der Moral als allgemeingültige Lebensweisheit festhält.

5. Thematik

„Gnade löst den Fluch der Sünde,

Liebe treibt den Teufel aus"

Der Autor führt den Leser sprachlich auf die „richtige" Fährte: Das Groteske und Absonderliche ist zwischen den Zeilen zu lesen und reizt zum Lachen. Das Groteske geht hierbei Hand in Hand mit der Art, wie von Arnim den Handlungsaufbau gestaltet.

Dieser fühlt sich zunächst durch den Besuch des Paters und durch weitere Ereignisse und sich steigernde Episoden so sehr unter Druck gesetzt, dass er für sich keinen anderen Ausweg sieht, als die Stadt, andere und sich selbst in die Luft zu sprengen.

Für eine kurze Weile hat das von Außen herangetragene und sich ins Innere gefressene Teuflische in ihm gesiegt.

In der Novelle ist es letztlich Kommandant Graf Dürande, der Francoeur begnadigt und ihn als Sohn annimmt, Rosalie, die Francoeur durch ihren Wagemut und ihre Liebe wieder zur Vernunft bringt.

Es ist nicht Vater Philip, dem es gelingt, den „Teufel" mittels Exorzismus aus Francoeur zu treiben. Er wurde nur aufgrund von Gerüchten und somit der Intrige Bassets zu Francoeur geführt.

Der Pater Philip, der gekommen ist, um den Invaliden zu exorzieren, dient schließlich dazu, den Glauben an den Teufel zu ironisieren. Von Arnim lässt Pater Philip als Schreckensvision Francoeurs erscheinen

„er sah den schwarzen Geistlichen vor Augen, wie die vom tollen Hunde Gebissenen den Hund immer zu sehen meinen" (S. 16).

Zudem lässt er mit Hilfe seines auktorialen Erzählers die angedeutete Ausübung des Exorzismus als Parodie erscheinen:

„Dieser meinte, seine Beschwörung anbringen zu müssen, redete den Teufel heftig an, indem er seine Hände in kreuzenden Linien über Francoeur bewegte" (S. 16).

Von Arnims Beschreibungen „Aber der unerschrockene Philip", „ergriff er den kleinen Philip" lassen den Pater als Karikatur erscheinen.

Der Leser zweifelt nicht daran, dass der Autor ihm eine eher realistische als übernatürliche oder gar religiöse Erklärung für das Verhalten Francoeurs und der Heilung seines Wahns vermitteln möchte.

Von Arnim bietet dem Leser neben Rosalies anerzogenen Glauben an einen Fluch daher eine weitere Interpretation an: Francoeurs Kriegsverletzung am Kopf, die als Grund für seine kurzweilige Bewusstseins- und Identitätsstörung führte.

Und tatsächlich, unter dem absolutem psychischen Druck, in dem er sich befindet, löst sich sein Knochensplitter aus der Wunde und lässt ich n wieder vernünftig denken und handeln.

BEI GRIN MACHT SICH IHR WISSEN BEZAHLT

- Wir veröffentlichen Ihre Hausarbeit, Bachelor- und Masterarbeit

- Ihr eigenes eBook und Buch - weltweit in allen wichtigen Shops

- Verdienen Sie an jedem Verkauf

Jetzt bei www.GRIN.com hochladen und kostenlos publizieren